JN418695

매일 행복할 순 없지만

행복한 일은 매일 있어

오늘도 내가 행복해지는 선택을 하면 돼

나 '감성깡패'야

알고 보면 난
스뎅심장이 아니라 유리심장이야
조심히 다뤄줘

눈물은 쇄골뼈에 넣어둬

글 김이율 / 그림 구광서

넌…

강한 척 하지만 한없이 여린 사람이야
냉정한 척 하지만 눈물이 많은 사람이야
괜찮은 척 하지만 마음 쓰린 사람이야

이제
그러지 마

그냥 있는 그대로 보여줘
힘들면 힘들다고 하고
울고 싶으면 실컷 울고
바다가 보고 싶으면 당장 떠나

Contents

1장

일생은 너와
나를 통과할 뿐

2장
털기의
정석

3장
그대와의
하룻밤

4장
그리움
일렁이는

5장
어렵게 돌려서 하는 말

1장

일생은 너와 나를 통과할 뿐

- 넌 참 예쁜 꽃이야

오늘의 꽃

아끼지 마라.

햇살 모아서
겨울에 쓸 생각 마라.

눈 쓸어 담아서
여름에 먹을 생각 마라.

행복을 저축하지 마라.
이자도 없고 내일도 없다.

아끼지 마라.
오늘의 꽃, 오늘 실컷 다 봐도 좋다.

그래야 네가 좋다.

- 감기 걸리면 책임져

너의 존재

비를 흠뻑 맞아도
맘이 따뜻할 때가 있고
우산을 쓰고 있어도
맘이 축축할 때가 있다.

네가 있고
없고

- 계절이 흐르듯 내 인연이 흘러가고...

일생은 너와 나를 통과할 뿐

바람 한 점도
남김없이 죽은 날
여름이 왔고

바람 한 점이
되살아 돌아온 날
가을이 시작되었다.

바람, 끝에서 시작하고
시작해서 다시 끝으로 간다.

사람의 인연도 그렇다.
끝이라고 울지 말고
시작이라고 웃지 마라.

흘러가다가 잠시 머물고

머물러 있다가 다시 흩어진다.

일생은

너와 나를 통과할 뿐이다.

Beer
- 아, 다 귀찮아
BEER

빈둥대기

하루 종일 빈둥거렸다. 방바닥에 배를 깔고 누워 옥수수 한 톨 한 톨 빼먹었다. 그러다 보니 어느새 오전이 갔다. 오후에는 공원에 나가 비둘기에게 과자 부스러기라도 던져줄까 했는데 갑자기 잠이 온다. 잠을 길게 잔 후, 일어났다. 습관적으로 옆으로 누워 TV를 켰다. 여자 연예인들이 나와 군대 체험을 한다. 별 슬픈 스토리도 아닌데 나도 모르게 눈물이 났다. 요즘 참 눈물이 많다. 첨엔 왜 그러나 싶었는데 이제는 자연스럽다. 나이가 든 것일까? 나약해진 것일까?

배가 고프다. 종일 굶었다.
고픈데 먹히지는 않고
그리운데 외롭진 않다.

오늘, 빈둥빈둥 하루가 저문다.

슬럼프가 아닌 게 이상한 거야

흔들리지 않는 날이 있었던가요
방황하지 않는 날이 있었던가요
고민이 없었던 날이 있었던가요

돌이켜 생각해보면 그런 것 같습니다.
어린 꼬마였을 때도, 중 · 고등 학창 시절에도 그 나름대로의 고민과 방황의 이유가 있었습니다. 질풍노도의 시기라는 말도 있지 않습니까. 파도 앞에 놓인 작은 한 척의 배였던 것 같습니다. 그래도 고민과 방황이 매일 있었던 건 아니었습니다. 웃는 날도 있었고 기쁜 날도 있었고 아무런 생각도 없이 지냈던 나날도 꽤 많았던 것 같습니다.

그런데 삶의 주체가 된 후부터는 거의 매일 고민이고 방황인 것 같습니다.
스스로 책임져야 할 일과 결정해야 할 일이 왜 그렇게 많은지, 뜻하지 않는 불운이 왜 그렇게 곳곳에서 팍팍 터지는지, 별일 없이 사는 게 왜 그렇게 힘든 건지, 행복하게 산다는 게 그리도 어려운 일이지 참 모르겠습니다. 슬럼프, 눈만 뜨면 매 순간이 슬럼프인 것 같습니다.

'왜 이렇게 일이 잘 안 풀리지?'
'저 사람은 참 좋겠다. 부럽네'
'왜 하필이면 이런 일이 나에게 일어난 걸까?'
'나에겐 기회가 왜 안 오는 거야'

- 언제쯤 내 인생에 어둠이 걷힐까

크고 작은 비교에서부터 자신에 대한 실망까지 하루도 빠짐없이 제 머릿속에서 맴도는 생각들입니다. 물론 저만 그런 게 아닐 겁니다.

누구나 다 힘겨운 인생이고 고달픈 일상의 연속일 겁니다. 어른이 되면 하고 싶은 일을 맘껏 하고 멋대로 살 수도 있고 뭐든지 가질 수 있고 세상에 두려울 것도 없을 거라 생각했는데 그건 큰 착각이었습니다. 책임과 일과 상처를 더 담아낼 수 있는 그릇만 커졌을 뿐입니다.

지난 몇 개월 동안은 정말로 힘들었습니다.

하는 일도 잘 풀리지 않았고 친구와의 관계, 가족과의

관계도 그리 원만하지 않았습니다.

뭐가 문제인지, 왜 그렇게 쫓기듯 사는지, 왜 이런 날이 계속될까, 한숨을 내쉬던 차에 위안이 될 만한 두 사람을 만났습니다.

첫 번째 사람은 배우 한석규입니다.

그가 한 언론과의 인터뷰에게 이렇게 말했었지요.

"늘 슬럼프예요. 앞으로도 평생 시달리며 살 것 같아요. 평생 만족감도 못 느낄 것 같고요. 그래도 끝까지 해 볼 생각입니다. 내가 어느 정도까지 할 수 있을지 그 끝이 궁금해서죠. 그러다 보니 정신 바짝 차려야겠다는 생각이 들어요."

한석규라는 배우는 제가 가장 좋아하는 배우인데요 그가 걸어왔던 길을 보면 참으로 순탄했던 것 같습니다. 영화「초록물고기」, 「8월의 크리스마스」, 「천문」에 이어 드라마「뿌리 깊은 나무」까지 늘 최고의 자리에서 최고의 명품 연기를 펼쳐왔습니다. 뭐하나 부족함 없는 삶을 사는 것처럼 보였는데 그가 매일 슬럼프 속에서 살고 있다는 말에 다소 놀랐습니다. 인간적으로 보였고 그도 나와 다르지 않다는 동질감을 느끼게 돼 큰 위안이 되었습니다.

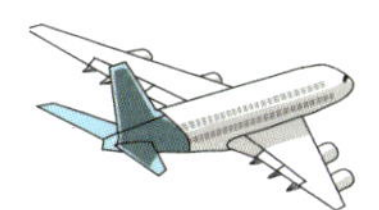

두 번째 사람은 야구선수 류현진입니다.
'괴물투수'라는 별명으로 미국 메이저리그에서 맹활약을 하고 있는 그 역시 슬럼프에 대한 견해를 이렇게 밝혔습니다.

"직구보다 변화구에서 왜 홈런이 더 많이 나오는 줄 아세요? 치기는 어렵지만 일단 치면 더 많은 회전이 담긴 변화구가 힘을 받고 더 멀리 날아가기 때문입니다. 지금 내 앞에 남들보다 힘들고 어려운 변화구가 날아오고 있습니까? 축하드립니다. 당신에게 홈런을 칠 수 있는 멋진 기회가 주어졌군요."

그들이 전해주는 소중한 말을 통해 슬럼프라는 단어를 조금 더 편하게 받아들일 수 있었습니다. 해가 뜨고 해지는 것처럼 슬럼프도 내 삶의 일상이라는 생각. 나만 그런 게 아니라 내가 아는 이들도, 내가 모르는 이들도 매일매일 슬럼프 속에서 살고 끊임없이 발버둥 치고 있다는 걸 알게 되었습니다.

혹여 슬럼프를 겪고 있나요?

고통의 늪에 빠져 있나요?

그건 분명 유쾌한 일은 아닐 겁니다. 그렇다고 주저앉진 마십시오. 더 이상 울지 않아야 합니다. 괜찮습니다. 어차피 사는 게 다 거기서 거기입니다. 주어진 오늘 하루 최선을 다한다면 그게 멋진 일이죠. 좋은 일이 있을 겁니다. 오늘 지는 해는 어김없이 내일의 해로 다시 뜰 테니까요.

슬럼프가 계속되겠지만 우리 인생 또한 계속될 테니까요.

- 잘 지내니? 난 절대로 울지 않아...

특별한

안부

아침저녁으로

"지금 뭐해?"

묻는 이가 있었다.

어제가 오늘 같고, 내일도 오늘 같은 내겐

뭐 특별할 게 있겠는가.

"똑같지 뭐."

똑같다는 걸 뻔히 알면서 왜 자꾸 묻는 걸까.

귀찮기도 했다.

이별했다.

아침인데도 저녁인데도
뭐하고 있는지, 무엇을 할 건지
안부를 묻는 이 없다.

깨달았다.

그가 묻는 안부가
나의 평범한 나날들을
특별하게 만들어줬다는 사실을.

비가 내린다.
특별하지 않다.

- 쫄리면 죽으시든가

두려움, 너 이놈

허수아비 어깨 위에 내려앉은 참새는 더 이상 허수아비가 두렵지 않다. 사람의 형체만 하고 있을 뿐이지 진짜 사람이 아니라는 걸 알아차렸기 때문이다.
자전거를 타본 소녀는 더 이상 자전거가 두렵지 않다.
수차례 넘어지면서 균형감각을 익혔기 때문이다.
강물에 과감히 다이빙을 하는 소년은 더 이상 강물이 두렵지 않다. 블랙홀처럼 어둡고 무서웠던 그 강물이 겨우 가슴팍 높이밖에 안 된다는 걸 알았기 때문이다.

뭐든지 해보면 별 거 아니다.
그게 물질이건 상황이건 사람이건. 막상 겪어보면 '에게게, 겨우 이거야'라는 소리가 절로 나온다. 미리 두려워할 필요 없다.

두려운 것 그 자체보다 두려운 마음이 더 두려울 뿐.

그래, 한 번 해보자.

오늘 눈 질끔 감고 파리채를 휘둘렀다.

처음으로 바퀴벌레를 잡았다.

- 빵순이, 빵돌이 다 모여라. 내가 쏜다

눈물을 흘릴 권리

우는 적이 없었다.

단 한 번도

아니 울었는지도 모르겠다. 아무도 없는 구석진 자리에서 벽을 치며 혹은 쪼그려 앉아 눈물 콧물 다 흘려가며 꺽꺽댔는지도 모르겠다.

여하튼 내가 알기론 공식적으로 사람들이 보는 앞에서 우는 건 한 번도 보지 못했다.

상황이 악화되고 감정이 격해지고 마음이 흔들리면 나오지 말라고 해도 자동으로 나오는 게 눈물이다.

처음엔 피도 눈물도 없는 냉혈한인 줄 알았다.

그런데 며칠 전, 그의 눈물을 보고 말았다. 며칠째 소식도 뜸하고 연락도 닿지 않아 마음이 쓰였다. 적당히 어둠이 내려앉은 밤, 단팥빵 몇 개를 사들고 찾아갔다. 똑똑똑. 방에 불은 켜졌지만 아무런 반응이 없었다. 잠시 고민하다가 방문 앞에 단팥빵만 놓고 되돌아 나왔다.

그리고 수북이 어둠이 짙어진 시각, 그에게서 전화가 왔다. 아무 말도 하지 않고 그저 울기만 했다. 내 귀가 그의 눈물로 흠뻑 젖었다. 이리도 눈물이 많았던가. 한참을 울었다.

'그래, 다 쏟아내요. 여태 참은 거 다 쏟아내요.'

나 역시 아무 말도 하지 않았다.

드디어 그의 울음이 멈췄다.

그리고 이 한 마디를 남기고 전화를 끊었다.

"이 빵 너무 맛있다. 어디서 샀니?"

- 날 버리지 마세요 부디...

버스 손잡이

인생이
흔들리거나 덜컹거릴 때마다
어김없이 당신을 부여잡았습니다.
그러면 금세 안정을 되찾았고
다시금 중심을 잡았습니다.

당신은 말씀하셨죠.
산다는 건
고갯길을 오르고
모퉁이를 돌고
어느 날은 가늠할 수도 없는
늪의 바닥임을 확인하는 일이라고

그 말씀이 예전에는
도통 무슨 소린지 몰랐는데

내 나이가 당신의 주름처럼 깊어가니
조금씩 고개가 끄덕여지네요.

버스는
수많은 인생들을 내려놓고
태우고
쏟아내고
주워담고

지금은 효창공원 쪽으로
달리고 있습니다.

브레이크를 잡을 때마다

사람들은 살아남겠다고

손잡이를 더 격앙스럽게 잡습니다.

그럴 때마다

하루의 고단함이 대롱대롱 춤을 춥니다.

꿈도 일상 속에 묻히고

설렘도 얇은 지갑 속에 뺏기고

사랑도 희미해지고

무엇 하나 중심 없는

나

의 한가운데서

서성입니다.

덜컹

덜컹

버스가 다시 달리고

당신이 다시 그립습니다.

어린아이처럼 껑충 뛰어

마냥 매달리고

싶은 그 손잡이

아버지

- 그때는 운동장이 참 커보였는데...

어느 초등학생이 지은 동시이다.

바다

비가 그렇게 내리고

눈이 그렇게 내리고

또, 강물이 그렇게 흘러가도

바다가 넘치지 않는 건

물고기들이 먹어서이겠지

소나기

소방차가 불난 집 불을 끈다

나는 신나게 구경을 했다.

기절했다. 우리 집이었다.

어른은 고달프다. 이리 치이고 저리 치이고, 좌절하고 절망하고, 고민하고 망설이고, 힘을 쓰고 힘을 잃고, 눈치 보고 주눅 들고, 달려가고 무너지고. 이러다 보니 더 이상은 같은 실수, 같은 고통, 같은 패턴을 반복하기 싫다. 그래서 무슨 일이든 계산하게 되고, 의심하게 되고, 이기적이 되고, 한걸음 물러난다.
지하철은 달리고 바람은 스미고 꽃은 피고 지고 햇살은 익어가고….

그러는 사이, 우리는 건조하고 재미없는 어른이 되어 버렸다.
사는 게 왜 이럴까? 갈수록 팍팍해지는 걸까? 하루하루 채워지지 않는 갈증으로 피폐해간다.

물 한 잔 주소

원한다면 우물가에서 숭늉 찾지 말고 내 깊은 가슴속 우물에서 순수를 길러내라. 어른의 잣대와 생각이 아닌 아이의 눈과 상상으로 본다면 세상은 그저 즐거운 놀이터다. 행복한 호기심천국이다. 복잡하고 까다롭

게 굴지 말고 아이처럼 있는 그대로 받아들이고 단순하게 생각하자. 그럼 의외로 웃는 날이 많아질 것이다. 삶의 무게가 조금은 가벼워질 것이다. 당신 얼굴에서 그때 아이의 미소를 만날 수 있을 것이다.

- 이제 혼자서도 잘 서 있을 거야

지금은 혼자 설 타이밍

어차피 인생은 혼자다.
이 말을 흔히들 한다.
맞는 말이라는 건 알지만 왠지 씁쓸하다.

혼자라는 걸 왜 모를까.
굳이 이런 식으로 말해야 하나.

지금 필요한 건 냉정하고 쌀쌀맞은 충고가 아니라
어쩌면 따듯한 위로 한 마디 인지도 모른다.

그러다가도 그 위로 역시 일시적일 수밖에 없음을
깨닫는 순간이 온다.
그 순간, 마음이 더 아리고 아프다.
결국 차마 입 밖으로 내뱉고 싶지 않은 그 말이 스르
르 새어 나온다.

"그래, 어차피 인생은 혼자야"

이 사실을 받아들이기까지 참으로 많은 아픔이 있었을 것이다.
그 아픔을 어찌 모르겠는가?
물론 행복한 시간도 있었을 거다.
그런데 아픔이든 행복이든 그게 뭐가 중요한가?

지금이다.
지금은 혼자 서야 할 타이밍이라는 사실이다.

'혼자'라는 말속엔

아픔과 외로움과 고독이 녹아 있다.
하지만 그건 나약한 자들을 더 나약하게 만들기 위한
함정일 뿐
비상을 꿈꾸는 이들에겐 혼자라는 말은
독립과 성숙과 발전의 시간이기도 하다.

누군가가 내게 손을 내밀어 일으켜 세울 수도 있고
피가 흐르는 무릎을 손수건으로 닦아 줄 수도 있고
사거리에서 갈피를 잡지 못할 때 방향을 제시해 줄 수
도 있다.
그렇지만 그다음이 문제다.
일어난 다음에 스스로 걸을 수 있겠는가?

상처에 대한 치유력을 갖추고 있는가?
방향에 대해 확신할 수 있는 힘이 있는가?

결국 자신의 몫이다.
결국 자신이다.

'어차피 인생은 혼자다.'라는 사실은 엄연한 현실이다. 그걸 일찍 깨닫고, 늦게 깨닫고의 차이일 뿐이다.

혼자라고 울지 말고
혼자라고 아파하지 말고
혼자라고 주저하지 말자.

무소의 뿔처럼 혼자 가라 하지 않았는가?

홀로 설 수 있을 때 비로소 외롭지 않다.

만나라. 고독 속에서 더 단단한 나를

사색하라. 깊음 속에서 더 깊어지는 나를

성장하라. 무너지지 말고 더 발전하는 나를

지금이다.

지금이야 말로 진짜

혼자 서야 할 타이밍이다.

일상
같은
영화

잠이 쏟아지는 밤, 습관적으로 노트북을 켠다.

정신이 혼미한 상태에서 무슨 글을 쓰랴. 사이트 여기저기 기웃거리며 세상 돌아가는 얘기를 눈에 담는다.

기웃거리기를 한 30여분. 별 재미가 없다.

"그래, 영화나 한 편 보자."

팝콘 대신 점심에 먹다만 새우깡을 아작아작 씹으며 영화를 본다.

한 10분쯤 지났을까? 졸음이 몰려온다.

그냥 잘까 아니면 볼까. 딱히 내일 할 일도 없는데 까짓것 밤 좀 새면 어때?

눈을 비비며 영화에 다시 집중한다. 스토리가 긴박하

거나 요란하거나 그렇다고 화려한 액션이 있는 게 아니다. 그런데 희한하게 봐진다. 내용이 느슨하고 편안하고 자연스럽다. 물론 중간중간 재미도 약간 있긴 하지만 한마디로 지루한 일상과 같은 이야기다. 결국 끝까지 다 봤다.

그러고 보니 우리는 늘 자극적이고 강하고 센 것에 익숙해졌다. 그것을 원하기도 하고 또한 그것이 더 어필할 수 있을 거라 믿기 때문이다. 그러나 강한 것보다 부드러운 게 더 오래갈 수 있다. 은근한 멋이 있다. 의외로 사람들은 편안한 것을 좋아한다. 편안한 눈빛, 편안한 음성, 편안한 이야기, 편안한 사람.

새벽 3시가 넘을 즈음, 영화가 끝났다.

눈의 피로감이 극심했지만 그래도 한 편을 다 봤다는 데 스스로 대견했다. 가슴에 남는 강렬한 이미지나 메시지는 없었지만 그래도 잔물결이 계속 찰랑이는 영화였다. 마치 낮은 물 위에 누워 하늘을 올려다보며 구름을 세어보는 편안한 기분이랄까.

이제 잠을 자야겠다. 편안한 꿈을 꿀 수 있겠다. 영화와 일상이 별반 차이 없는 이 영화. 참 내가 본 영화는 〈고령화가족〉이다. 천명관 소설가의 작품을 영화화한.

2장

털기의 정석

OO café

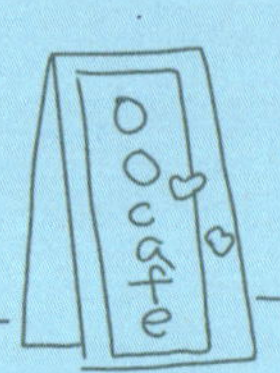
OOcafe

비가 오는 이유

비가 와서
네가 그리운 게 아니라
네가 그리워서
비를 부른 거야.

- 나 밥 사줄 사람, 빨랑 전화해

몇이나 되겠어?

어릴 때부터 뭔가 되겠다고 뚜렷한 꿈을 가진 사람이 몇이나 되겠어? 안 그래? 오늘은 축구선수가 되고 싶고 내일은 소방관이 되고 싶고 어떤 날은 개그맨이 되고 싶고 또 어떤 날은 과학자가 되고 싶고. 호떡 뒤집히듯 변덕스러운 게 바로 꿈이야.

고등학교 졸업하고 대학 졸업하고 어른이 된다고 해서 그 변덕스러운 꿈들이 한 가지로 압축될 줄 아니? 그렇지 않아. 여전히 꿈은 잡히지 않는 안개와 같지.

꿈이 뭐니?

뭐가 되고 싶니? 이 질문에 다들 씩씩하게 뭐 하나씩 대답은 하지만 정말로 그 대답에 확신이 있기나 하니? 너 말이야.
꿈이 없다고 하기엔 너무 초라하고, 왠지 꿈 없는 청춘은 청춘도 아닌 듯해서 그냥 그럴싸한 것 하나 둘러댄 거 아냐?

꿈이 없으며 어때.

괜찮아

꿈이 있다고 해서 뭔가를 이루고 또 꿈이 없다고 해서 뭔가를 이루지 못하는 건 아니잖아.

어쩌면 꿈이라는 건 성공한 사람들이 자신들이 한 고생에 대해 보상을 받고자 혹은 과시하고자 만들어낸 단어일지도 몰라.

없으면 없는 대로 사는 거야. 작은 일이라도 그것에 만족하고, 멈추지 않고 열심히 하면 돼

이루고 싶은 것과 지금 당장 해야 할 일이 다르다고 투덜대지 마. 괜히 흔들리지 마. 주어진

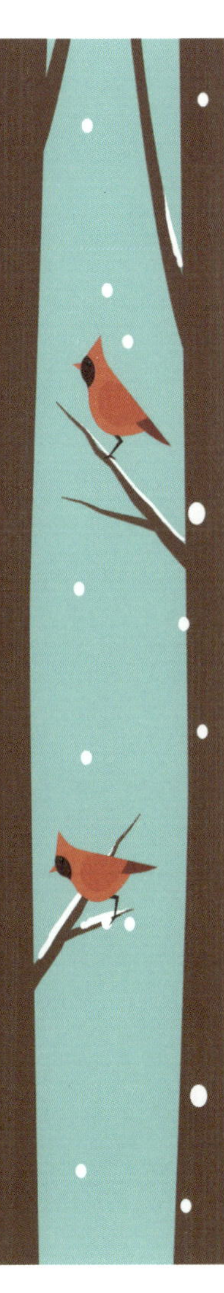

일이 없으면 만들어서라도 해. 하다 보면 길이 보이고 또 하다 보면 또 길이 보여. 그 길을 계속 가다 보면 이 길이 내 길이구나 생각하면 돼

꿈에 집착하지 마.

어차피 넌 매일 밤 꿈을 꾸잖아. 얼마나 격렬하면 허공에 주먹을 지르고 몸도 뒤척이겠어.
그렇게 매일 밤 열렬히 꾸는데 꿈이 또 필요하겠어. 없는 꿈을 일부러 만들려고 애쓰지 말고 없으면 없는 대로 살아.

꿈이 없다고 죽지 않아
꿈 없는 청춘은 살 자격이 없다고?
봤어? 꿈 없어서 죽은 사람 봤어?
꿈이 아니라 밥이겠지.

밥이나 먹자. 밥 없으면 죽으니까
오늘 내가 밥 한 번 쏠게
술은 네가 사라. 알았지?

- 도대체 너는

어디에 숨었니?

별 낚시

겨울 창가에 서서
하늘을 향해 낚싯줄을 던졌지요.
그 많던 별들은 다 어디 갔을까
무엇 하나 걸리지 않고
낚시찌는 허공에 박혀 옴짝달싹 못했지요.
바람만 출렁이고 내 마음만 깊어 갔지요.
문득 눈물 한 방울 터졌지요.
눈물이 또 다른 눈물을 부르려는 순간
올 것이 왔지요. 드디어 왔지요.
낚시찌가 오르락내리락하더니
이내 깊은 정적을 흔들어 깨웠지요.

힘껏, 있는 힘껏 잡아챘지요.

두 번 다시는 놓치고 싶지 않았지요.

두 번 다시는 홀로 울고 싶지 않았지요.

에계계

에계계

아주 작은 아기별 하나

낚시 바늘에 매달려 있었지요.

내 것이 아니다. 아직은 때가 아니다.

애써 웃으며 아기별을 다시 하늘로 보냈지요.

기다림은 길수록 아름다운 걸까
아무 답을 주지 않는 하늘을 향해
또 낚싯줄을 던졌지요.

그리웠죠.
별 같은 그 눈빛이 미치도록 그리웠죠.

- 함께 들었던 그 노래가 아직도 맴돈다

험상궂은 인상의 저 남자. 텁수룩한 턱 밑 수염을 쓱 문지르더니 야릇한 표정으로 나를 쳐다본다. 혹시, 말로만 듣던 지하철 추행남?
한 걸음 옆으로 물러난다. 그런데 저 짐승 같은 남자가 다시 옆으로 한 걸음 다가온다. 도대체 뭐야? 자꾸 신경이 쓰인다.

위이잉
어둠을 뚫고 지하철은 달리고 여전히 내 마음은 불안하다.

한 걸음 옆으로 옮겼는데 그 미친놈이 턱 밑 수염을 긁적거리며 자연스럽게 또 한 걸음 접근한다. 침착하자. 침착하자. 주문을 외운다. 최대한 태연한 척한다.
한 걸음 더 옆으로 피하려 했지만 갑자기 몸이 말을

듣지 않는다. 움직일 수 없는 나무처럼.

그때, 남자의 휴대폰 벨소리가 울렸다. 그 벨소리 내 벨소리와 같은 거다. 이 노래를 아는 사람은 별로 없는데. 이 노래를 벨소리로 쓰는 사람은 극히 드문데…. 저 남자에게 저런 면이

통했다.

순간, 험상궂게 생긴 저 남자가 괜찮게 보인다. 마음은 참 따뜻할 거라는 안도.
통한다는 것, 그건 편견이나 경계를 뛰어넘는다.

위이잉

어둠을 뚫고 지하철은 달리고 나는 은근슬쩍 한 걸음 다가간다. 그 남자에게

- 사랑, 백전백패 언제쯤 이겨보나

어긋난다.

내가 서운하다고 느끼는 순간
그는 아무렇지도 않은 듯 그저 웃고만 있다.
둔한 건지 아니면 일부러 모른척 하는 건지

내가 아프고 외로운 순간
그는 아무런 위로도 없이 그냥 넘겨버린다.
냉정한 건지 아니면 표현이 지나치게 서툰 건지

원래 그런 사람이니까
원래 바라지도 않았으니까
그냥 감수하고 이해하고자 하지만
그럴수록 무너지고 서러운 건 내 가슴뿐

왠지 모르는 가슴의 통증이
귓불까지 매달려 쓰리지만
달리 생각해보면
나 역시 그에게 그 어떤 반응도 보이지 않았다.

언제부터였을까.

오직 우리가 주고받는 대화는
'그래 알았어.'

그러고 보니
함께 나란히 걸어간 적이 없었다.

내가 앞이면 그가 뒤였고

그가 앞이면 내가 뒤따라갔다.

좁힐 수 없고

더 멀어지기엔 용기가 없는

그 거리만큼의

사랑 혹은 미움

B17 LDN

- 갈까 말까 망설이다 인생 다 갔네

신호등 앞에서

파란 불이 켜졌다.

그런데도 늘 망설이기만 하고
다가가지 못했다.

가도 될까?
정말로 다치지 않을까?

늘 계산하고
늘 두려워하고
늘 고민만 했다.

또 다른 시작이
저 건너편에서 손짓했지만
내 마음은 여전히 빨간 불이었다.

꿈만 꾸다가
어른이 되었고
꿈만 품다가
바람이 겹겹이 쌓였다.

언제까지

나의 비겁함을, 주저함을
용납해야 할까?

꿈, 걷고 싶다.
너, 닿고 싶다.
두려움 없이

- 인생 역전은 아직도 유효해

9회말 만루 홈런

마주치고 싶지 않은 그 녀석
언제나 내 위에 군림했던 그 녀석
그런 그 녀석이 내 쪽으로 다가온다.

말끔하게 차려입은 양복, 꽤 비싸 보이는 검은 뿔테 안경. 거기에 큰 키를 더 돋보이게 하는 갈색 구두까지. 졸업 후, 잘 나간다는 말이 사실인 듯하다.

위풍당당한 그 녀석이 점점 나와 가까워지고 있다.
샛길로 새려했지만 하필이면 외길이람. 뒤돌아가기엔 자존심이 상하고 마주 대하기엔 너무나 초라한 행색.

무슨 방법이 없을까?

최대한 천천히 걸으며 시간을 번다.

하늘이 무너져도 솟아날 구멍이 있다고 했던가.

때마침 자전거를 탄 어여쁜 긴 생머리 아가씨가 앞 바구니에 길쭉한 바게트빵을 싣고 내 뒤편에서 다가오고 있었다. 순간, 백열등의 필라멘트가 파다닥 불꽃을 일으키듯 생각 하나가 뇌리를 스친다.

그 녀석은 점점 다가오고 아가씨는 옆을 지나 그 녀석도 지나 점점 멀어져 간다.

그 순간, 나는 멀어지는 아가씨 등에 대고 소리쳤다.

"희야, 오빠랑 같이 가야지."

나는 한껏 으스대며 그 녀석 옆을 지나쳐 간다.

어때? 녀석아. 여자 하나는 내가 더 성공했지?

그날 밤, 홀로 맥주를 마셨다.

이가 시려왔다. 평소 같았으면 서너 잔 정도가 적당량인데 그날따라 한 잔 이상을 마실 수 없었다. 이상하게도 이가 엄청 시렸다. 아니 가슴이 시렸다.

주차금지

- 너의 마음에 영원히 주차하고 싶어

TV-CF 문구에 이런 카피가 있다.

'사랑이라 부르면 무겁고, 좋아한다 말하면 가볍다.'

사랑과 좋아함, 그 사이의 감정은 무얼까?

그 감정을 정확히 측량할 수 없지만 대략 짐작할 수 있다.

얼마나 설레고 행복할까.

아니 어쩌면 아플 수도 있다.

그 마음 제대로 전달되지 못했다면, 그 마음 이어지지 않았다면 이 세상에 그것만큼 아픈 게 또 있을까.

그러고 보면 그 누군가를 마음에 품기 시작하면 그 끝은 두 갈래로 귀결된다.
한 갈래는 서로의 뜻이 통해 하나의 마음으로 포개지든지, 아니면 서로의 맘과 타이밍이 달라, 한 명의 마음이 빠개지든지.

나는 늘 후자에 가까웠다.
내가 좋아하면 그는 그 마음이 없었고
내가 미워하기 시작하면 그제야 마음의 문을 연다.
그래서 늘 내 마음이 빠개진다.
물론 조급함도 문제이긴 하다.

금세 마음을 줘버리고 금세 마음을 확인하려는
그게 그를 당황시켰을 것이고 부담을 줬을 것이다.
하지만 그 서툰 표현법을 어찌하란 말인가.
계산 없는 미련한 순수를 어찌하란 말인가.

알겠다. 이제 방법을
그래서 지금은 쉽게 표현하지 않기를 연습 중이다.
너무 쉽게 맘 들키지 않기를 연습 중이다.
하지만 이 연습이 무의미하다는 걸 누구보다
내가 잘 안다.

주차금지라고 표지판을 내건다고

주차하지 않는 차가 있었던가.

또 금세 누군가를 그리워하고 생각하고

혼자 그 맘 키워갈 것이다.

나란 못난 인간은

누군가에게 먼저 고백을 받아보지 못한 나는…

- 어른이 된 후, 자주 길을 잃게 된다

그의 행방

당연히 있어야 할 자리에 찾는 물건이 없으면

시쳇말로 멘붕이 온다.

당황스럽기도 하고 짜증 나기도 한다.

어디로 갔지?

그 누군가에게 그 물건의 소재를 묻는다.

모른다는 대답이 돌아오면 그때부터 미간의 주름은

더 짙어지고

한숨은 배꼽 밑까지 깊어간다.

기억 회로를 풀가동시켜 물건의 행방을 추적한다.

도저히 생각이 나지 않는다.

도대체 어디에 있는 거야.

얼굴이 붉으락푸르락된다.

그 물건이 있을 법한 곳을 뒤지기 시작하고

찾지 못하면 그 물건이 없을 법한 곳도 뒤진다.

그러고 보니 우리는
늘 무언가를 찾아 헤맨다.
사랑도 그렇고
꿈도 그렇고
돈도 그렇고
행복도 그렇다.

찾았을 때는 이루 말할 수 없는 기쁨을 느끼고
찾지 못했을 때는 절망의 늪에 빠져 허우적거린다.

그런데 퍽 다행스러운 것은 늪의 밑바닥은 딱딱해서
다시 박차고 일어날 수 있다는 거고, 또한 설령 찾지

못하더라도 그 과정 속에서 100% 만족은 아니지만
분명 대체할 만한 그 무언가를 발견한다는 거다.

사랑의 완성이 아니라면 그리움의 가치를
꿈의 성취가 아니라면 욕망의 목마름을
돈이 아니라면 열정의 아름다움을
행복이 아니라면 불행을 극복하는 회복력을

우리는 발견한다.
우리는 발전한다.

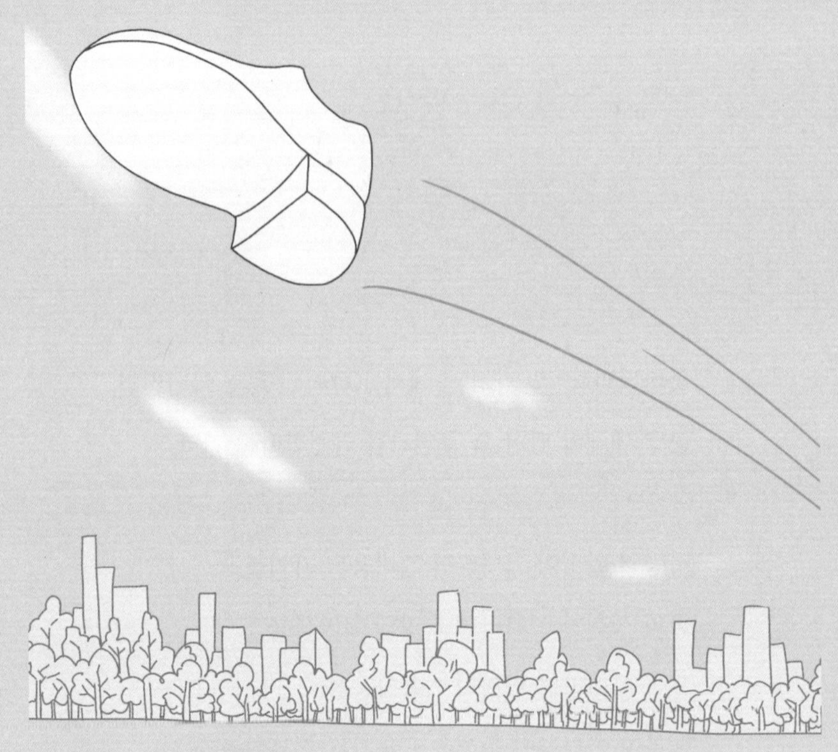

인생의 신발

운동화를 신을 때와 구두를 신을 땐 분명 달라

운동화를 신은 날에는 당연히 캐주얼한 옷을 입지. 청바지도 괜찮고 그냥 민무늬 티셔츠도 좋아. 발걸음이 가볍고 생각도 가벼워지지. 거품 그윽한 카페라테가 딱 어울려. 가장 가까운 카페에 들려 한가롭게 오후의 시간을 보내지. 그리고 출출해지면 친한 친구들과 어울려 밥도 먹고 술도 마시지. 기분이 내키면 노래도 하고 몸을 흔들기도 해.
고민할 필요 없어. 생각이 떠오르는 대로 몸을 움직이면 돼. 욕심 없는 행동이 의외로 큰 성과를 가져올 수도 있어. 힘을 빼야 뭐든 쉽게 접근할 수 있거든. 좀 흐트러져도 상관없어. 다리를 꼰 채 길거리 벤치에 앉아 맥주 한 캔 마셔도 좋지. 귀갓길 택시가 잡히지 않으면 그냥 무작정 걸어도 돼. 흥얼흥얼 노래를 해도 괜찮아. 막 해도 돼. 왜? 지금은 운동화를 신었으니까.

구두를 신을 때는 모든 게 좀 달라져.
옷차림부터 무거워. 어두운 색의 정장이나 줄이 선 바지를 입지. 머리에도 힘을 줘야 해. 머리카락이 흐트러지면 품격이 손상되지. 가슴을 한없이 부풀리고 어깨도 가끔 으스대면 좋아. 하지만 실수를 하면 안 돼.

반듯해야 하고 정확해야 해. 발음도 어눌하면 안 되고 정확히 해야 해. 뭔가 있는 척하고 자존심을 낮추지도 마. 왜? 지금은 구두를 신었으니까.

같은 사람이지만 뭘 신느냐에 따라 행동과 생각도 달라지지, 참 신기하지 않니?
그렇다고 스스로를 너무 이상하다고 생각하지 마.
누구나 다 상황에 맞춰 사는 거니까 두 가지 모습도 다 너의 모습이야
한없이 높을 때도 있지만 한없이 비굴할 때도 있지

그게 다 너야

남들과 어울리고 싶을 때는 가볍게 운동화를
남들에게 꿀리고 싶지 않을 때는 품격 있는 구두를
오늘은 둘 중에 무엇을 선택할 거야?
너의 인생은 지금 어떤 신발을 신고 있어?

벌써 점심이네
오늘 점심은 라면을 끓여먹을 거야
그런데 이런! 라면이 다 떨어졌네
잠깐 기다려. 슈퍼에 다녀와야겠어

무릎 나온 녹색 츄리닝을 입은 한 사내가 황급히 슬리퍼를 끌고 밖으로 나간다.

잠시 후, 다시 돌아온 그는 라면을 먹는다.
“라면 맛이 왜 이래. 신발냄새가 나네”
그래도 한 그릇 뚝딱

참 한가한, 아니 할 일 없는 오후다.

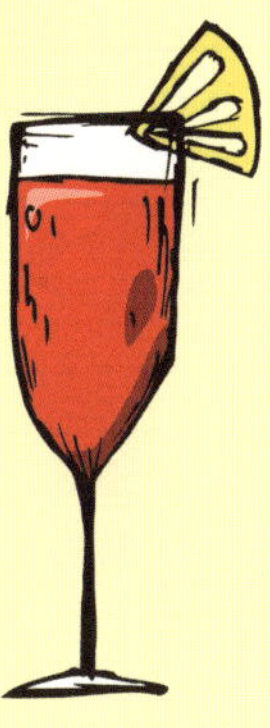

- 입술은 웃는데 왜 눈물이 날까

기억의 향기

참 해맑은 미소

참 바른 말투

참 예쁜 손짓

참 고운 입술

참 눈부신 머릿결

참 현명한 사고

참 다정한 성격

참 세련된 감각…

보통이 아닌 특별함으로 보일 때가 있었다.

참이란 수식어로도 다 채울 수 없을 때가 있었다.

세상 모든 것들 다 줘도 아깝지 않을 때가 있었다.

오직 그 사람만 보이고 세상의 시계는 멈춰있을 때가 있었다.

영원이라는 단어만 머릿속에 박혀있을 때가 있었다.

웃음의 끝에 다시 또 웃음이 이어지는

행복한 때가 있었다.

고양이가 다가오면 귀엽다고 느껴지고

꽃이 피면 어쩌면 이리도 아름다울까

생각했던 때가 있었다.

때

그때

내가 그때를 아파하는 건

이제 그대가 없기 때문이 아니다.

그때의 그대가 그리워서다.

그때의 내가 그리워서다.

왜 이리 어긋난 걸까.

한계절만 견뎌냈어도 어쩌면 아주 오래

이어갈 수 있지 않았을까, 그런 부질없는 생각이 이

밤을 환하게 밝힌다.

계절보다 빨리 찾아온 바람이

내 시간의 옆구리를 시리게 한다.

지금 나는 아무도 없는 한복판에 서 있다.

털기의 정석

오줌을 쌀 때 한 방울도 남김없이 다 쏟아내야 한다. 그렇지 않고 끝에 한 방울이 달랑거리면 뭔가 개운하지 않고 찜찜하다.

미련이란 털어내지 못하는 그 한 방울

살다 보면 버리지 못하는 것들, 접지 못하는 것들, 끊지 못한 것들로 인해 하루가 그리고 인생이 허우적거릴 때가 있다. 이성적으로, 냉정히 그리고 단호하게. 아니다 싶으면 과감히 잘라내야 하고 한 번 돌아섰으면 등 뒤에서 무슨 일이 일어나도 눈 돌리지 말고 앞으로 걸어가야 한다. 괜찮다. 누가 뭐라고 할 사람 없다. 괜찮다. 이제는 접어야 할 타이밍이다. 동정도, 아쉬움도, 눈물도 사치라 생각하라.

마지막 한 방울까지 사정없이 흔들어 털어버려라.
그래야 다시 채울 수 있다. 다시 또 살아갈 수 있다.

3장

그대와의 하룻밤

- 전 인간적인 사람이 좋아요

- 물론 저도 그래요

밤의 계산

계산기를 두드리다 보면
사람들이 아른거린다.

그 사람은 나에게 얼마의 가치가 있고
또 저 사람은 나에게 얼마나 손해였던가.

더하고
곱하고
나누다 보면

이익이 될 때도 있고
손해로 인해 한숨이 나올 때도 있다.

먹고사는 문제는 대충하면 안 되겠지만
인간관계에 있어 계산이 들어가면

그건 결국 0으로 가는 수순이다

하지만 때로는 깔끔하다는 생각도 든다.

내가 행복해지려면 행복을 먼저 건네고

내가 위로가 필요하다면

상대의 지독한 하소연을 견디며 들어줄

인내가 필요하다.

어찌 생각하면

아주 계산적인 게 사람의 관계다

편하고 합리적인 가운데 사랑도 보태고…

계산기를 두드리다 보면
사람이 그리워진다.

오늘이 그런 밤이다.

- 엄마밥 먹고 싶다

바람이 소식을 전해옵니다

저울의 한쪽 편에 세계를 실어 놓고
다른 한쪽 편에 나의 어머니를
실어 놓는다면
세계의 편이 훨씬 가벼울 것이다.
– 랑구랄

비가 오려고 날이 꾸물꾸물한 날, 늘 바람이 먼저 찾아옵니다.

쉬 쉬

바람이 창문을 두드리며 뭐라고 말을 막 해댔습니다.

"문 열어 봐. 얼른"

무슨 말이지 알아들 수 없었지만 왠지 내게 말하는 것 같았어요.

창문을 여니 바람이 안으로 성큼 들어 왔어요.

커튼이 휘날리고 어느새 내 얼굴은 촉촉한 바람의 물기에 젖었지요.

"내가 얼마나 먼 곳에서 온 줄 아니? 이곳까지 오느라고 정말 힘들었어"

바람은 헉헉헉 거친 숨을 내쉬더니 어깨를 축 내려뜨리는 거예요.

숨을 돌린 후, 바람이 내게 말했어요.

"잘 들어. 대신 전해주는 거야"

어쩌자고, 잘 지내고 있지?

어쩌자고, 우는 건 아니지?

어쩌자고, 밥은 잘 먹고 있지?

순간, 내 뺨에 눈물이 주르르 주르르 흘러내렸어요.

엄마다. 엄마가 분명해

말할 때마다 늘 앞에 붙이는 말버릇

'어쩌자고'

엄마는 아주 멀고 높은 곳에 있어 오기 힘드니까

엄마는 내가 잘 살고 있는지 걱정이 되니까

대신 보낸 거였어요. 바람결에 그 마음을

엄마, 이렇게 안부를 물어줘서 고마워요.

그리고 미안해요.

바쁘다는 핑계로, 사는 게 힘겹다는 이유로

엄마도 잊고 지냈네요.

그 흔한 안부도 전하지 못했네요.

엄마, 그곳에서 잘 지내고 계시죠?

잊지 않았어요. 그럴 리가요.

매순간 그리웠고 지금 당장이라도 매달리고 싶어요.

그러나 차마 입 밖으로 그 이름을 꺼낼 수 없어요.

울음이 터질까, 무너져 버릴까봐.

부디 잘 지내야한다는 그 말씀을 어기지 않기 위해서

그렇답니다.

소리쳐

왜 담고만 있는 거야
간장 담그는 거야? 술 담그는 거야?

그게 아니잖아
화가 나면 소리 질러. 머리로 박아 버려
왜 그렇게 미련하게 가만히 있어. 누가 보면 네가 잘못한 줄 알겠다.

그게 아니잖아
뭐가 두려운 거야. 네가 뭐라고 한다고 해서 누가 널 욕할 사람 없어. 그러니 덤벼. 부셔버려. 괜히 술 힘빌리지 말고 제 정신일 때 말해. 제대로 말이나 할까, 괜히 나서는 게 아닐까. 그따위 고민 같은 거 하지 마

그냥 있는 그대로 보여주는 거야. 떨리는 목소리라도 괜찮고 눈물 섞인 목소리라도 괜찮아. 너를 보여주면 돼. 너의 마음속 이야기를 꺼내놓으면 돼. 두려워하지 마. 부담스러워하지 마

어차피 다 똑같은 인간이야. 배고프면 밥 먹고 먹으면 배설하고 밤이 되면 잠을 자는 다 똑같은 인간이야. 나이가 뭐가 중요해. 신분이 뭐가 중요해. 영 자신

없으면 그냥 개미라고 생각해. 개미 앞에선 너 이러지 않잖아. 거침없잖아. 가차 없이 밟아버리기도 하잖아

왜 담고만 있는 거야. 소리쳐. 사는 동안 한 번 정도는 저질러보는 거야. 앞뒤 생각하지 말고 가슴이 시키는 대로, 마음이 명령하는 대로. 속 시원하게 한 번 해보는 거야

그래, 그거야
바로 그렇게 하는 거야. 더 크게 소리쳐. 미친 듯이 소리쳐. 신경 쓰지 마. 넌 그럴 자격 있어. 넌 그럴 권리

있어. 그래, 잘한다 잘해. 잘하면서 여태 왜 그랬어. 좋아, 좋아. 어때? 속이 좀 후련하지? 이제 좀 살 것 같지?

인생, 그거 아무것도 아냐
네 멋대로 하는 거야
누가 뭐라고 해도 네 인생은 너의 거잖아

- 애미애비도 몰라본다는데… 걱정이네

인생은 낮술이다

무참히 무너진 날이다.

오래 준비한 일이었는데 무참히 떨어졌고
오래 품었던 맘이었는데 무참히 짓밟혔고
오래 키웠던 꿈이었는데 무참히 조각났고
오래 믿었던 너였는데 한순간에 가버렸다.

떨어지고
짓밟히고
조각나고
떠나가고

아프지만 꼼꼼히 생각해보자.
어쩌면 내 것이 아니었는지도 모른다.
하나 둘 떠나는 것을 받아들이는 게

이 나이 때의 익숙함인지도 모르겠다.

가진 게 있는 듯하지만 손에 쥔 건 없고
잘 살아왔다 싶었지만 후회가 더 많고
같다고 생각했지만 어느새 각자 다른 길을 가는

하루
어찌 맨 정신으로, 제정신으로
반나절이나 남은 오후를 버틸까.

인정하자.

기꺼이 아파하자.

미치도록 그리워하자.

인생은 낮술이다.

- 누가 내 머리 밟았니?

인생의 사거리

낯선 도시에 혼자 던져졌을 때
당신은 어떠한가.

일단 당황스러움에 사로잡힐 것이다.
예상치 못한 무서운 무언가가 다가올 것만 같고
믿고 기댈 만한 그 무언가의 부재로 인해
힘이 빠지고
두리번거려도 알 수 없는 지금의 상황에
눈물이 날지도 모른다.

지금 나는 사거리에 덩그러니 서 있다.

저 멀리 사과나무 한 그루가 보이고
저 멀리 기차가 점점 멀어지고
저 멀리 한 여인이 분 냄새의 잔상을 뿌리며

흐릿하게 사라진다.

눈앞에 있는 모든 것들이 흔들리고 아득하다.

사거리에서

잠시 나의 길을 생각한다.

아무리 생각해도 떠오르는 것이 없고

무엇을 하려 해도 몸이 움직이지 않는다.

뭔지 모를 것들이 나의 뇌파와 다리를 마취시키는 듯 하다.

어떡하지? 무얼 하지?

그렇게 3일 밤낮을 사거리에 나를 버렸다.

결론은 없다. 그래서 명쾌하다.
답이 없으니 본능에 맡길 수밖에

배가 고파 밥 냄새가 나는 곳으로 향했고
사람이 그리워 눈물의 흔적을 찾아 스며들었고
돈이 필요해 도끼로 나무를 팼다.

그러다 보니 일상이 흘렀고 감정이 피어났고
생각이 살아났다.

그렇다. 그저 따르면 되는 것이다.

어차피 하루하루는 낯섦과 두려움의 연속이 아니겠는가. 그 뻔한 진실을 자꾸 해석하고 고민하려다 시간을 보내는 것보다 그냥 단순히 받아들이고 그냥 움직이면 되는 일이다.

다 살아지게 되어 있고
다 사랑하게 되어 있다.

이 도시에서 나는 또 익숙한 사람으로
익숙한 생의 한 부분으로 녹아들겠지.

낯선 곳에 홀로 던져졌을 때

당신은 어떠한가.

답하지 말고 두려움 없이 그냥 해라.

망설임 없이 그저 해라.

그리 살면 그리 살아지는 것이다.

아파도 안녕

만났을 때 건네는
'안녕'은 반가움이 담긴 인사이지만
헤어질 때 건네는 '안녕'은 왠지 불길한 생각이 든다.

분명 다음에 또 볼 게 분명한데도
느낌이 그리 좋지 않다.
그래서 누군가와 헤어질 때
'그냥 손만 흔들어줬으면 좋겠다.'라는 생각을
한 적이 있다.

그냥 손만 흔들어줘, 그 말을 건네기 전에
어느 날, 그가 먼저 '안녕'이라고 말해버렸다.
"안녕"
"응"
그 안녕이 마지막 대화가 될 줄 꿈에도 몰랐다.

- 하이힐 뒷굽이나 부러져라

그래서 안녕은 여전히 아프다.
내 인생은 전혀 안녕하지 못했고
내 일상은 아직도 암전이다.

인생이라는 무대 위 환한 불빛 아래
홀로 서 있어야 하는 게 불편하다.
그래서 매번 조명기사에게 부탁한다.

"불을 끄지 마세요"

잠시만 울자.
버리자, 기억.
아파도 안녕.

- 있을 때 잘하라고 했지!

- 자꾸 연습하다보면 구름 똥구멍을 볼 수 있겠지

담벼락의 존재 이유

안으로 들어가는 것을 막기 위해

거기 서 있는 게 아닙니다.

담벼락은 우리의 가능성과 간절함을

끌어내고자 거기 서 있는 겁니다.

꿈은 항상 그 담벼락 너머에 있습니다. 성공도 그렇듯 모퉁이를 돌아가야 만날 수 있습니다. 사랑 역시 발목에 진흙을 묻힐 각오로 갯벌을 걸어가야 합니다.

담벼락은 나를 가로막는 벽이 아니라

우리가 어차피 겪고 넘어야 할 숙제에 불과합니다.

가볍게 넘어야 할 허들에 불과합니다.

자, 시작하세요. 힘내서 도움닫기!

- 으미, 오줌 지리겠네

멈추지 않는 게 중요해

그 길을 찾았다 했는데 막상 걸어가니
막다른 골목이다.
되돌아 나와 처음부터 다시 시작했다.
몇 시간째 헤맨 걸까
허기가 지고 종아리가 아려온다.
가슴이 마르고 한숨이 나오는 건 막을 수 없다.

물론 알고 있다.
그 길을 찾는다는 건 쉽지 않다는 걸

하지만 더욱 힘들게 하는 건 밑도 끝도 없다는 거다. 얼마나 더 가야, 아니 그 수많은 길 중에 어떤 게 내 길인지 알 수 없다. 어쩌면 내 길이 애초부터 없었는지도 모르겠다. 막연함은 사람을 초조하게, 초라하게 만든다.

한 줄기의 빛이 들어온다.
작은 통로를 발견한다.

거대한 몸을 차곡차곡 접어 힘겹게 그곳으로 기어들어간다. 역시나 벽이 보인다. 도대체 어디로 가야 할까. 길이 없으면 길을 만들라고 말을 하지만…

거의 다 왔다고 생각했는데 여전히 시작점이다.
서성인다. 서성일 수밖에
기다린다. 기다릴 수밖에
그게 내가 할 수 있는 일의 전부다.

그럼에도

나는 오늘도 길 위를 걷는다.

다시 노을 속으로 녹아든다.

- 얘들아, 학교 가자

더디고 더딘 햇살

커튼을 열고 밖을 보니
스르르 잠이 들어도 괜찮은 햇살이다.

부족한 잠을 더 충분히 채우고 나면
밥도 먹고
책도 보고
음악도 듣고
잠시 나가 꽃도 봐야겠다.

뭘 해도
뭘 안 해도
참으로 고운 날이다.

그나저나
노란 리본이 나부끼는

그 어둠 속엔

언제쯤 이 햇살이 비출까.

얘들아

학교 가자.

기필코

바람의 질량이
내 뺨에 젖어들 때 나도 모르게
웃었지

벌의 날개가 작은 먼지를
허공에 띄울 때 나도 모르게
수줍었지

웃고 수줍은 나를

처음으로 본 게

마지막으로 보여주고 싶은 게

너였지

너의 인생 끝자락에

기필코 매달리고 싶었지

나는

엄마 안녕

오징어볶음을 더 이상 먹지 못한다는 것
나무의자 하나를 잃어버린 느낌 같은 것
내 허물과 눈물을 보일 사람이 사라졌다는 것
깻잎전을 이제 구경하지 못한다는 것
콩나물 두부 심부름을 이제 하지 않아도 되는 것
젖가슴을 만질 수 없다는 것
화나고 속상한 일을 그저 담고만 있어야 하는 것
명절 때 고향집에 가도 채워지지 않는 것
불러도 또 불러도 아무런 대답이 없다는 것

이 모든 것을

가능하게 만드는 것

엄마

엄마 없는 시간은

참 쓸쓸하다

그대와의
하룻

밤

오늘 하루 종일, 다섯 줄의 글 밖에 쓰지 못했다.

쓰기는 A4용지 2장을 꽉 채웠지만 다시 읽다 보니 쓸 만한 글이 거의 없다. 지우고 버리고 빼내고 하다 보니 딸랑 다섯 줄 밖에 남지 않았다. 겨우 이 다섯 줄 쓰려고 밤새도록 머리 긁어대며 자세 바꿔가며 산뜩 산뜩 아린 눈을 달래 가며 몸부림쳤나, 허무하기도 하고 허탈하다. 그래도 이거라도 건졌으니 얼마나 다행인가 싶기도 하다.

이 다섯 줄을 게시판에 올릴까

올리지 말까 고민하다가 그냥 올리지 않기로 결정한다. 이 깊은 밤에 이 글을 올리면 과연 몇 명이나 볼까. 끽해야 10명 안팎이겠지. 고작 10명을 위해 이 고생을 한 건가. 너무나 아깝다. 이왕이면 더 많은 이들이, 적어도 100명 아니 1000명은 봐줘야 내가 소비한 밤에 대한 보상을 받는 게 아닌가.

이런저런 생각을 하다가 그냥 게시판에 올리기로 한다. 그래, 한 명이면 어때. 두 명이면 더 고맙고. 어차피 마침표를 찍은 글은 이미 내 글이 아니지. 이 글을 읽는 그대가 주인이지 뭐. 이 글을 읽는 그대와 나,

분명 우리는 사상을 공유한 거고 인연을 맺은 거고 하룻밤을 이렇게 함께 보낸 거다. 그렇지 않은가? 아니라면 어쩔 수 없지만 그럼, 나는 이 밤을 어떻게 하란 말인가

4장

그리움 일렁이는

들리나요 내 눈물

슬픔의 물이 가슴 한켠에 고이면
그것을 몸 밖으로 배출해야 한다.
그러지 않고 계속 가슴 안에 담아두면
그 부위가 헐고 짓무르고 쓰라리고
끝내는 몸 전체가 썩고 만다.

가슴 밖으로 내보내야 한다.
그렇다고 처음부터 눈물을 내보낼 순 없다.
눈물을 보이는 순간

그대가 얼마나 당황할까
그대가 얼마나 부담스러워할까.

그래서 순차적으로 진행한다.
조금 힘들다고 말을 건네고
앞으로 어떻게 하면 좋을까 하고 눈빛을 보내고
잠시 기대어도 좋으냐고 몸을 기울여본다.

그러자 그대가 귀를 막았고

그대가 외면했고, 그대가 한걸음 물러났다.

아, 좋을 때만 좋은 사이였구나.

그대에게 눈물을 보이지 않은 게
어쩌면 잘한 일이라고, 잘된 일이라고
끄덕이며 가슴을 천천히, 천천히 쓸어내렸다.
손바닥이 흥건하게 젖었다.

혼자 우는 밤이다.

지금도 여전히

복면을 하고
흉기를 들이대고
느닷없이 나타나면 도둑인 줄
모두가 다 안다.

그러면 소리를 지를 것이고
곧 경찰이 올 것이고
몇 걸음도 못 가서 곧장 잡힐 것이다.

훔치지도 못한 채

그 마음

다 표현하지 않는 연습을 해야겠다.

들켜도 아닌 척, 외면해도 괜찮은 척 단련해야겠다.

서툴렀다. 몰랐다.

그때는 아니 지금도 여전히

사랑 스타트

며칠 전에 꿈을 꿨다.
작은 씨앗 하나가 떼구르르 굴러왔다.

내 것이 아닌 것 같아서 밀어냈는데
자꾸 다시 떼구르르 굴러온다.

살짝 호주머니에 집어넣었다.
그런데 그 조그마한 것이
자꾸 밖으로 나오려고 한다.

한번 뜨거워진 거라

쉽사리 식지 않을 듯하다.

마음은 이미 가고

할 수 있는 건 없다.

날씨는 참 좋다.

앞으로 큰일이다.

못
해
서

누군가가 '모처럼 비가 옵니다'라는 글과 함께 비가 내리는 영상을 올려놨다. 영상을 보니 정말로 비가 많이도 내리고 있다.

무더위를 한방에 씻겨줄 고마운 비, 사람들은 이 비를 보며 청량감을 느낄 것이다.

그런데 왜 내 눈에는 영상 속 비보다 자꾸 한 단어가 들어오는 걸까. '모처럼 비가 옵니다'란 글 중에서 '모처럼'이 내 눈에는 '못처럼'으로 보인다.

못처럼 비가 옵니다.

여기도 비가 온다.

못처럼 비가 온다.

가슴에 콕콕 박힌다.

밉고 야속하다.

'못'난 날 혼자 두고.

미안하다. 더 사랑해주지 '못'해서.

생경과

익숙 사이

참으로 생경한 밤이다.

매일 맞이하는 어둠인데 오늘은 왠지 낯설기도 하고 두렵기도 하다. 아직 배가 덜 채워진 탓일까. 먹는다고 먹었는데 왜 자꾸 허기가 지는 걸까. 보리차로 배를 채우고 거기에 쓸쓸함을 더 얹는다.

비로소 익숙하고
편안한 밤이다.

그러고 보면 늘 똑같았다.

다만 내 마음이 밤의 겉면에 색을 달리 입혔을 뿐. 생경과 익숙함을 넘나들며 밤이 깊어간다.

아니, 찢긴 맘을 깁는다.

내일은 새 옷이겠지

만년

후에도

글을 쓴다고 하면 으레 선물로 만년필을 준다. 고맙고 다시 생각해도 고마운 일이다. 그런데 내 손에 들어온 만년필이 제 구실을 못하고 있으니 괜히 심술이 난다. 요즘 펜으로 글을 쓰는 사람이 몇이나 될까. 그렇다고 다른 걸로 주라고 말할 수도 없고 참으로 그렇다.

결재 사인이나 하는 CEO라면 만년필이 폼도 나고 유용하게 쓰일 진 모르겠으나 자판이나 두드리는 내 일상과는 사실 거리가 멀다. 나무필통에 하나의 만년필이 추가되었다. 만년필들끼리 비스듬히 기댄 채 나른

한 오후를 보낸다.

마루에서 늘어지게 오수를 즐긴 후, 어정쩡한 자세로 앉은뱅이 의자에 앉는다. 꿈에서 본 신비로운 장면, 그것이 달아나기 전에 잡아둘 요량으로 자판을 두드린다. 아, 다행히 생각을 글로 변환하는데 성공.

그러고 보면 생각과 글 사이엔 간격이 있다. 그 간격을 좁히는 사람은 작가의 삶을 살고 그 간격을 좁히지 못하는 사람은 독서로 대신한다.

어김없이 저녁이 오고 라임향이 시간 속에 흐른다. 형광등 불빛에 만년필 대머리가 반짝인다. 만년필과 모니터에 떠 있는 글들을 번갈아 보면서 문득 이런 생각을 한다. 나의 글도 만년필처럼 오래가야 할 텐데. 만년필을 보고 다시 내 글들을 본다. 오늘따라 더 진심을 담아 글을 쓴다. 만년 후에도 살아남아야 한다. 만년필 너도, 그리고 나도, 내 글도 사랑도.

그리움

일렁이는

참 바쁜 하루였다.

밀린 지하철을 타고

약속 장소에서 사람을 만나고

식사를 하고

오후엔 회의를 하고

잠깐 졸기도 하고

공연을 보고 진하게 술을 마시고

헤어지기 아쉬워 달빛을 탄 자판기 커피도 마시고

밤바람과 함께 발맞춰 걷다 보니 어느새 집까지 왔다.

달님도 졸고 있는 이 밤

왜 가슴 한 부분에 싱크홀 하나가 뚫린 기분일까

아무리 바삐 움직여도

아무리 사람을 만나도

결국 또 하루가 무너졌다.

그리운 것이 그저 그리움으로 머문 탓일까?

그리움

그 작은 것이 오늘의 전부보다 더 힘이 센 탓일까?

채울 수 없는 이 마음, 일렁이는 이 마음

무사히 잠이 들길 바란다.

설령 그렇게 된다고 한들

어찌할 건가 내일은, 또 내일모레는

이 몹쓸 사람아!

이 가슴을 찢는 사람아!

경계에 선

밤

이 선을 넘을까 말까 판단이 서지 않는다.
한 잔을 더 마시면 필름이 끊길 거 같고
그렇다고 멈추기엔 여전히 가슴이 아프다.
왜 내게 그랬는지, 왜 그때 내버려 뒀는지
이해도 되지 않고 화가 나기도 한다.

편안하면 그건 인생이 아니라고 말하지만
그렇다고 아픈 것만이 인생이라 할 수도 없지 않은가

테이블 위에 잔이 덩그러니 놓여 있다.

잔이 흔들리는 건지

세상이 흔들리는 건지

내가 흔들리는 건지

알 수는 없지만 여하튼 기로에 서 있다.

이 한 잔을 마셔야 할지 말아야 할지….

그 한 잔에 인생이 걸린 것도 아닌데. 때론 아무것도 아닌 것에 목숨을 걸 때도 있다. 그게 전부라고 착각할 때가 있다.

경계에 선 밤은 점점 지쳐간다. 아파간다.

그게 아닐 텐데

그를 보겠다고 힘들게 먼 길까지 왔는데

고맙다는 말은 못 하고 그는 불쑥 이 말을 내뱉었다.

"바쁜데 뭐 하러 왔어요."

그것도 퉁명스럽게

그와 그의 아버지와의 둘만의 시간

짧은 대화, 긴 침묵

짧은 눈빛, 긴 어색

짧은 공감, 긴 대립

"그래, 잘 지내라"

멀어져 가는 아버지가 갑자기 뒤를 돌아보더니
그에게 손을 흔든다.
그는 머리를 긁적이며 난처한 표정을 짓는다.

그 날 저녁, 눈이 왔고 길은 얼었다.
잘 도착하셨는지 궁금하기도 하고 걱정이 되기도
했지만 끝내 그는 아버지께 전화하지 않았다.

그게 아닌데
분명 마음은 그게 아닐 텐데

한때는 아름다웠기에

천둥 치듯 이별을 통보 받더라도
번개처럼 연인이 떠나더라도 걱정하지 마세요.
사랑에서 이별까지 행복과 불행을
풀코스 정식으로 골고루 맛보게 해준
연인에게 감사하며 행운을 빌어주세요.
– 김형경 〈천개의 공감〉 중에서

막상 사랑에 빠지면 다들 바보가 됩니다. 앞뒤 좌우는 절대로 보이지 않습니다. 남의 훈수나 충고도 귀에 들어오지 않는다. 오직 그 사람, 그 사람이 인생의 시작이고 인생의 끝입니다. 그 사람이 아니면 안 됩니다.

과거가 어찌 됐든 상관없고 미래 계획도 먼 이야기입니다. 중요한 건 지금 내 눈에 보이는 그 사람, 그게 전부입니다. 아무리 사리판단이 분명한 사람이라도 아무리 냉정하고 논리 정연한 사람이라도 사랑 앞에서는 속수무책입니다. 그 독한 것이 한 번 스며들면 당할 수밖에 없습니다.

그런데 한순간의 인생을 뒤흔들어놓았던 그 사랑도 어느 순간에는 퇴색되고 맙니다. 세상이 변한 걸까요. 내가 변한 걸까요. 그가 변한 걸까요. 한 사람의 잘못이든 두 사람 모두의 잘못이든 누구나 한 번은 이별을 겪어야 하는 순간이 찾아옵니다. 올 때 그랬던 것처럼 갈 때도 참으로 요란합니다. 저 사람이 아니면 안 된다고 생각했던 그 마음이 이제는 저 사람만 아니면 다 된다로 바뀝니다. 그렇다고 함께 했던 시간까지 다 잊을 순 없습니다. 함께 했던 일들이 고스란히 상처로 남고 함께 먹었던 음식이 고스란히 눈물로 다가오고 함께 걷던 그 길이 슬픔으로 다가옵니다. 여태의 쌓아 왔던 이 모든 사랑이 이별을 위한 준비과정이었을까?

어느 시인이 쓴 문구가 떠오릅니다.

태어나는 순간부터 우리는 죽음을 향해 달려가는 것

그게 인생이다.

그래도 순간이 아름다웠다면 그건 아름다운 것입니다. 아픔을 통해 내가 여전히 살아있음을 깨닫게 하고 상처를 통해 내가 다시 시작할 수 있는 기회를 준 그 때의 시간과 호흡이 고마운 것입니다. 잘 되라고 빌어 주진 못하겠지만 못되라고 저주하진 말아야죠.

부디 잘 이겨내기를. 부디 잘 살아가기를.

하루치의 그리움 만큼만

앞으로 어떻게 살아가야 하느냐고
이 텅 빈 곳 무엇으로 채워야 하느냐고
문득문득 찾아올 눈물을 어찌 감당해야 하느냐고
미치도록 보고프면 누굴 붙잡고 말을 해야 하느냐고

그가 내게 물었다.
눈물 글썽이는 눈으로 내게 묻고 또 물었다.
내가 대답해줄 건 이것뿐

"하루, 오늘 하루치의 그리움만큼만 그리워하자.
미리 내일의 양까지 그리워하지 말고

오늘 잘 견디면 내일도 잘 견디겠지.

딱 하루치의 양만큼만"

5장

어렵게 돌려서 하는 말

어렵게
돌려서
하는

말

널 마음 아프게 하는 건 나니까

내가 사라지는 게 낫겠어

널 자꾸 울 게 만드니까

난 없어져야 해

널 수시로 힘들게 하니까

난 필요 없는 존재야

누군가가 이런 말을 자주 하나요?

당신을 위한 길이라며 내가 사라지겠노라고

없어져야 한다고.

곧이곧대로 받아들이면 안 돼요.

자책을 통해 자신의 마음을 표현하는 거예요.

당신을 위로해주지 못해서

챙겨주지 못해서 미안한 것도 있겠지만

그보다 더 하고 싶었던 말은

나 역시 당신에게 위로받고 싶고

사랑받고 싶고

기대고 싶다는 마음의 고백이에요.

괜히 어렵게 돌려서 말했을 뿐이에요.

정말 마음의 위안이 필요한 사람은

어쩌면 사라지겠노라고 말하는

그 사람인지도 몰라요.

그런 사람이 있다면

답답해하지 말고, 짜증 내지 말고, 바보 같다고 핀잔

주지 말고

그냥 손 꼭 잡아주세요.

왈칵 안아주세요.

그래요. 그것만으로도 충분합니다.

그래요. 참 잘했습니다. 대신 감사합니다.

미리 아파  하는 사람

아직도 쌀쌀한 기운이 감도는 겨울인데도 화사한 개나리 봄옷을 미리 꺼내 입는 사람이 있다. 그 사람은 계절의 변화보다 한 템포 더 빠르게 반응한다. 미리 옷장을 정리하고, 미리 땀을 흘리고, 미리 꽃잎 주위에서 흔들리는 나비를 꿈꾼다.

아직도 태양을 삼킨 한 여름인데도 바바리코트를 미리 꺼내 입는 사람이 있다. 미리 우울한 감정에 휩싸이고 미리 낙엽 진 그 자리에 홀로 앉아 있을 자신을 생각하고 미리 10월의 마지막 밤이라는 노래를 부르며 흐르는 세월 앞에 무너져 내린다. 가만히 있어도 찾아올 계절, 굳이 앞서서 맞이하는 이유는 뭘까? 성격이 급한 탓도 있고 예민한 몸이 먼저 반응한 탓도 있겠지만 어쩌면 그런 게 아닐까?

지금이 외로워서. 지금이 아파서. 지금이 그리워서. 지금을 그냥 흘려보내고 싶어서. 사람아, 이 계절의 한 복판에 서자. 외로우면 외로운 대로 아프면 아픈 대로 그리우면 그리운 대로. 헤지고 낮아지고 무너져도 다 껴안고, 힘차게 부딪치고, 처절히 스며들자.

사람아, 계절을 먼저 보내지 말고 아픔을 미리 느끼지 말고 두려움 없이 지금의 나를 사랑하자. 망설임 없이 지금의 시간에 집중하자.

힘들어도, 아파도
어차피 지금의 나도, 지금의 인생도
내 것이니까.

소년이 어른에게

혜화동 대학로에 나갔지. 여전히 그곳은 분주했어. 연극을 보러 온 사람들과 연극을 보여주고자 하는 사람들로 뒤엉켜 있었지. 길바닥에는 연극 전단지가 지저분하게 널브러져 있고 마로니에 공원에는 게으른 비둘기와 노숙자 두어 명이 있었지.

그랬지. 나도 무대에 서 본 적이 있었어. 무대에 처음 오르던 날, 이제 모든 것이 달라질 거라 기대했지. 말 한마디 제대로 못하는 그 소심한 소년을 이제 안녕하고 떠나보낼 거라 생각했지. 그런데 그렇지가 않았어. 연극이 끝나고 일상으로 돌아와 보니 저 앞에 예전 그대로의 모습으로 소년이 기다리고 있었지.

무대는 그저 무대일 뿐이었지.

난 연출자의 지시에 따라 감정을 분출하고 대사를 읊어대는 훈련된 인형에 불과했지. 못난 나를 바꾸려고 오래도록 방황하고 괴로워하다 그 끝에 간신히 찾았던 무대. 그 무대가 모든 것을 다 해결해줄 거라 믿었는데… 아니었지. 성격. 그거 쉽사리 바뀌는 게 아니었어.

어쩔 수 없는 한계만을 확인하는 꼴이 되었지. 어쩌면 내가 찾으려 했던 것이 아예 처음부터 없었는지도 모르지. 저녁. 간단히 밥을 먹고 침대에 누워 눈을 깜박였어. 잠을 이루지 못하고 비몽사몽을 베어 문 밤

소년이 나에게 말했지.

"해봤잖아. 그럼 됐어. 안 되면 안 되는 대로. 별 수 있어? 삶이란 무대에서 평생 배우처럼 살면 되잖아. 잘 훈련된 그 모습으로 말이야."

사랑
그놈

참

어느 날, 그는 떠났다. 책상 위에 편지가 있었다. 딱 한 줄이었다. '사랑하지 마' 떠나는 나를 잡지 말라는 얘기인지 너 같은 건 사랑할 자격도 없으니 앞으로 그 누구도 사랑하지 말라는 얘기인지 아니면 재빨리 뛰쳐나와 흔들리는 나를 잡아주라는 건지 그 한 줄의 의미를 알 수 없었다.

결국, 그 한 줄이 나를 꽁꽁 묶었다. 그 자리에 주저앉아 한참의 시간을 보냈다. 문득, 함께 했던 시간들이 스쳐 지나갔다. 눈망울이 촉촉이 젖었지만 이따금씩 눈물 섞인 미소도 나왔다. 다시 미소 섞인 눈물이 나왔다. "그래, 사랑하지 말자." 무슨 이유로 그런 결론을 내렸는지는 모르겠지만 그 말이 내 입 밖으로 나왔다. 그렇게 말하고 나니 정말이지 사랑이 두려워지기 시작했다. 그런데 시간 앞에 생각은 망각의 강을 건너고 감정의 무뎌짐은 산을 오른다. 어느 날, 문득 기적처럼 다시 가슴이 뛰기 시작했다. 꽤 괜찮은 사람이 여름 감기처럼 내 인생에 노크도 없이 덜컥 들어온 것이다. 끝에서 다시 사작된 것이다.

"그래, 다시 사랑하자."

시간은 그리 오래

그는 내가 오를 수 없는 에베레스트 산이다.

그는 내 잘못을 용케도 찾아내는 수사관이다.

그는 내 실수를 용납 못하는 완벽주의자이다.

그는 내 빈둥거림을 답답해하는 성과주의자이다.

그는 내 눈빛이 약하다며 면박을 준 비난자이다.

그는 내 꾸물거림에 벼락을 내린 호통꾼이다.

그런 그가, 수천 년이 지나도 풍파가 몰아쳐도 무너지지 않을 것 같았던 단단한 성벽 같은 그가 지금은 물 한 잔도 못 넘기고, 숨 한 번도 제대로 쉬지 못하고 살아서도 죽은 듯 그렇게 누워만 있다. 그런 그를 보며

순간, 이런 생각이 들었다. 내가 그를 이겼노라고

낮이 밤으로 바뀌는 시각. 길의 모퉁이를 도는데 문득 내 생각이 착각이라는 걸 알았다. 내가 그를 이긴 게 아니라 그가 세월의 시간을 기꺼이 받아들였을 뿐. 며칠 후에도 여전히 그는 말이 없다. 초점 잃은 그의 눈동자 위로 내 눈물이 떨어진다. 왜 지금에서야 한꺼번에 그가 이해되는지, 이 감정이 도대체 뭘까?

그와 나 사이에 작은 샛강이 흐르고 낙엽이 지고 겨울이 찾아왔다. 시간은 그리 오래 남지 않았다.

누굴까

슬픈 일이 있든 기쁜 일이 있든 언제나 그의 노래를 들었다. 그리움으로 가슴이 흔들리고 사랑으로 가슴이 애달플 때도 그의 노래를 들었다. 그의 노래는 일상의 한 부분이 되었고 그의 노래가 없으면 하루를 마감할 수 없었다. 그런데 어느 순간부터 달달하면서도 애절한 그의 발라드가 다른 옷을 입기 시작했다. 요란하고 난해한 락(Rock)으로 변한 것이다.

당황스러웠고 낯설었다. 왜 그럴까? 받아들일 수 없어 괴로웠고 괴팍해서 접근할 수 없었다. 그는 빠르게 이리저리 환장하는 락커가 되어갔고 내 공허함과 그리움은 더더욱 깊어갔다. 그렇게 그의 노래는 점점 내 일상에서 사라지게 되었다.

그러던 어느 날. 문득 이 글귀가 떠올랐다.

'사랑받지 못하는 것은 슬프다. 그러나 사랑할 수 없는 것은 더욱 슬프다.'

그랬다. 그보다 내가 더 슬펐다. 사랑한다면서 사랑하지 못한 일, 사랑한다면서 다가가지 못했던 일, 사랑한다면서 이해하지 못했던 일, 사랑한다면서 기다리지 못했던 일, 그게 나를 더욱 부끄럽게 만들었다. 지금? 다시 환의 노래 속에 파묻혀 산다.

당신이 그랬어요

저 모르세요?

글쎄요.

지난번에 카페에서 봤잖아요.

그리고 저번에는 함께 식사도 했는데….

이제 알아보시겠어요?

허…. 이상하다. 왜 생각이 나질….

참, 너무 하세요.

몇 번을 만났다 해도 자주 안 보면 금방 잊히는 게 기억의 한계입니다. 설령 자주 만나는 사이라도 머리 스타일이나 옷이 바뀌면 긴가민가 혼돈의 소용돌이입니

다. 하물며 딱 한 번, 그것도 여우비처럼 잠깐 스쳐 지나갔을 뿐인데 더군다나 수년 전 일이고

나만 알고 당신은 모르는 일, 나만 간직하고 당신은 없었던 일. 그 외사랑을 당신이 어찌 알까요.

수백, 수천 명이 모인 곳이라도
당신은 내 앞에 있습니다.
수백, 수천km 떨어진 곳이라도
당신은 내 앞에 있습니다.
내 눈이 멀어 볼 수 없다 해도

당신은 내 앞에 있습니다.
내 다리가 다쳐 내디딜 수 없어도
당신은 내 앞에 있습니다.

내 가슴이 기억하는 한
당신은 내 앞에 있습니다.
보지도 않아도, 만질 수 없어도, 속삭일 수 없어도
함께라고 믿고 기다리는 것
그게 사람의 마음이라고
그때 당신이 눈빛으로 내게 가르쳐주었습니다.
분명 당신이 그랬습니다.

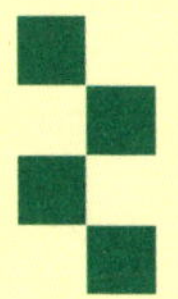

저 모르세요?

글쎄요.

빗속의 그 사람을 기억해요

비가 오면 가끔 생각나는 사람이 있나요?

비를 맞고 있으면 살며시 다가와 우산을 내미는 대신 자신의 우산을 버리며 이렇게 말한 그. "사랑은 우산을 함께 쓰는 게 아니라 함께 비를 맞아주는 거야."

그 순간, 그러면 안 되는데 웃음이 빵 터지고 말았지요. 마치 초보 연기자처럼 어색한 말투며 유치 찬란하고 닭살이 돋는 멘트, 웃음소리가 민망했든지 머리를 긁적거리더니 빗속으로 사라진 그.

그가 남기고 간 우산을 쓰고 집으로 가는 길목에서 잠시 '그'라는 단어를 떠올려봅니다. 앞에만 서면 매번 넘어지지는 그 앞에만 서면 말을 더듬거리는 그, 앞에만 서면 눈도 제대로 마주치지 못하는 그, 그때는 그가 왜 그런 행동을 하는지 몰랐지요. 그저 어설픈 사람이려니 생각했지요. 하지만 시간이 지나고 누군가를 좋아하는 마음이 생기니 비로소 깨달았습니다. 사랑을 하면 그처럼 된다는 것을.

비가 오는 날이면 가끔 생각나는 사람이 있나요?
참 고마운 그가 그립습니다.
참 그리운 그가 다시 그립습니다.

지금 이 사람에 충실하세요

어제 당신이 짜증을 냈던 그 사람이 어쩌면 인생이 심란할 때 웃음을 줄 사람일지도 모릅니다. 어제 당신이 핀잔을 줬던 그 사람이 어쩌면 당신이 힘들 때 손을 내밀어줄 사람일지도 모릅니다. 어제 당신이 무시했던 그 사람이 어쩌면 당신이 답답해할 때 영감을 줄 사람일지도 모릅니다. 어제 당신이 외면했던 그 사람이 어쩌면 당신이 혼자일 때 나무의자가 되어줄 사람일지도 모릅니다.

이런 이야기가 있습니다.
한 의사가 작은 지방 도시에 방문했습니다. 그런데 산책을 하러 잠시 호텔에서 나왔는데 갑자기 폭우가 쏟아졌습니다. 호텔까지 가긴 너무 멀고 잠시 비를 피할까 하고 가까운 집의 초인종을 눌렀습니다.

"비가 너무 와서 그러는데 잠시 쉬었다 갈 수 있을까요?"

집주인은 고개를 내저으며 말했습니다.

"다른 집으로 가세요! 그렇지 않아도 집안에 우환이 있어서 기분도 안 좋은 판에…"

다음 날. 집주인은 신문을 보고 깜짝 놀랐습니다.

"세상에 이럴 수가! 내가 큰 실례를 했네. 이 일을 어쩌지…."

신문에 대문짝 하게 심장병 치료의 대가라고 소개가 된 인물이 바로 어제 자기 집에 찾아온 사람이었습니다. 집주인에겐 딸이 있었는데 그 딸은 심장병에 걸린 상태였습니다. 집주인은 딸의 병을 고쳐줄 마땅한 의사를 찾고 있던 중이었죠.

사람의 일이란 한 치 앞도 모릅니다.
나의 내일이 어떻게 전개될지 잘 모르듯 그 사람이 어떻게 될지 역시 모르는 일입니다. 사람과의 만남, 인연을 섣불리 생각해선 안 됩니다. 그 작은 바람이 인생을 뒤집을 만한 훈풍이 되어 돌아올 수도 있습니다.

그렇다고 훗날을 바라며 계산적으로 대하라는 이야기가 아닙니다. 상냥하고 다정하며 진심으로 사람을 대해야 합니다. 그게 인연에 대한 당연한 예의이며 도리이니까요.

그 당연한 일이
언젠가 좋은 결과로 되돌아올 뿐입니다.

코끼리를 냉장고에 넣는 방법

〈미루기병 고치기〉의 저자인 사사키 켄지는 이렇게 말했습니다.

"완벽한 사람이란 존재하지 않습니다. 오히려 불완전하기 때문에 노력을 기울이는 것 아니겠습니까? 현실을 마주하는 것은 누구에게나 아주 괴로운 일입니다. 하지만 지금까지 돌아보지 않았던 자신의 문제와 정면으로 부딪친 후에는 아주 많이 성장할 기회가 기다리고 있음을 확신합니다. 제가 보장하죠."

동물원에 새 식구 한 명이 늘었습니다.

어제 캥거루 한 마리가 들어왔기 때문입니다. 동물원

직원들은 캥거루에서 좋은 보금자리를 마련해주었고 그리고 워낙 점프력이 좋으니 외곽의 울타리도 높게 만들었습니다.

"좀 좁긴 하지만 여기가 너의 집이란다. 잘 먹고 잘 자고 잘 지내렴."

다음 날 아침. 직원들은 깜짝 놀랐습니다. 캥거루가 사라진 것입니다. 다행히 멀리 도망가지 않았습니다. 울타리 밖에서 풀을 뜯어먹고 있었습니다. 직원들은 캥거루를 울타리 안에 가둬두고 울타리를 더 높게 만들었습니다.

"이제는 됐다. 아무리 점프력이 좋다 하더라도 이렇게 높은 울타리를 뛰어넘진 못할 거야."

그런데 다음 날 아침, 직원들은 또 놀라고 말았습니다. 캥거루가 울타리 밖에서 또 풀을 뜯어먹고 있는 겁니다. 직원들은 고개를 갸웃거리며 말했습니다.

"이건 말도 안 돼. 어떻게 이 높은 곳을 뛰어넘었지?"

"그러게 말이야. 캥거루가 아니라 이건 완전 슈퍼맨이야."

직원 중 한 명이 캥거루에게 다가가 물었습니다.

"캥거루야, 도대체 이게 어떻게 된 거니? 어떻게 그 높은 울타리를 뛰어넘은 거니?"

그러자 캥거루가 말했습니다.

"그게 무슨 말씀이세요? 저는 그냥 문으로 나갔습니다. 밤마다 문을 잠그지 않았잖아요."

우리는 문제가 발생하면 일단 당황하며 안절부절못합니다. 문제의 원인을 찾고자 하지만 순조롭게 진행이 되지 않습니다. 이 의견 저 의견 조언을 섞다 보면 해결책을 찾지 못하거나 아니면 원인을 엉뚱한 곳에서 찾아냅니다. 그뿐만 아니라 문제에 대해 책임을 지려 하지 않고 회피하는 태도까지 더해집니다. 결국 아무것도 해결되지 않습니다.

문제의 해결책은 정말로 복잡한 걸까요? 그렇지 않습니다. 의외로 간단합니다. 코끼리를 냉장고에 넣는 법을 아시나요? 아주 간단합니다.

첫째, 냉장고 문을 연다.
둘째, 코끼리를 냉장고에 넣는다.
셋째, 냉장고 문을 닫는다. 끝.

문제의 해결책을 찾는데 어려움을 겪는 이유는 당황하고 책임 회피하고 애써 외면하고 도망치지 때문입

니다. 문제가 발생하는 그 순간, 이미 해결책도 나와 있습니다.

복잡하게 생각하지 말고
문제와 정면승부를 하세요.
그게 가장 빠른 길이며 명확한 해법입니다.

도를 아십니까?

종각역에서 광화문 교보문고로 가는 큰길.

갑자기 한 남자가 내 앞길을 막는다.

남자 왈

"얼굴에 근심 걱정이 참 많으시네요.

… 혹시 도를 아십니까?"

아무 말 없이 고개를 숙인 채 빠른 걸음으로 도망쳤다. 교보문고에서 책을 보는데 책이 눈에 들어오지 않았다. 괜히 화가 나기도 하고 기분이 상한다. 왜 그럴까. 왜 그런 걸까. 생각해보니 다 그 남자 때문이다. 칫. 왜 하필 나야. 길거리에 그 많던 사람들 중에 왜 하필 나를 콕 찍었어. 내가 만만하게 생겼나. 앞으로 인상을 쓰고 다닐까. 정말로 내 얼굴에 인생의 그늘이 내려앉은 걸까.

책을 덮는다.

서점 안의 책들과 사람들과 조명들은 모두 다 칼라이지만 내 마음만 흑백이다. 약속시간이 겨우 5분 지났으나 나타나지 않는 친구가 괜히 밉고 모든 게 짜증났다. 모든 게 다 그놈의 도 때문에!

걱정마 내가 너의 곁에 있으니

눈물은 쇄골뼈에 넣어둬

초판 1쇄 인쇄 2019년 12월 20일
초판 1쇄 발행 2019년 12월 25일

지은이 김이율
그 림 구광서
펴낸이 전익균, 강지철

기 획 백현서
관 리 김영진, 정우진
디자인 블루웨이브
편 집 김 정
교 육 민선아
마케팅 팀메이츠

펴낸곳 도서출판 새빛, 유피피코리아
전 화 02)2203-1996 **팩 스** 050)4328-4393
출판문의 및 원고투고 이메일 svedu@daum.net
등록번호 제215-92-61832호 **등록일자** 2010. 7. 12

가 격 14,500
ISBN 978-89-92454-70-4(03810)

• 도서출판 새빛은 새빛에듀넷, 새빛북스, 에이원북스, 북클래스 브랜드를 운영하고 있습니다.
• 파본은 구입처에서 교환해 드리며, 관련 법령에 따라 환불해 드립니다
다만, 제품 훼손 시에는 환불이 불가능합니다.

이 도서의 국립중앙도서관 출판시도서목록(CIP)은 서지정보유통지원시스템 홈페이지(http://seoji.nl.go.kr)와 국가자료공동목록시스템(http://www.nl.go.kr/kolisnet)에서 이용하실 수 있습니다.(CIP제어번호: CIP2019049190)